추억의 퀴즈
테마워크북
치매예방 두뇌 트레이닝

2

머리말

옛날 신문에서 풀던 숨은그림찾기, 틀린그림찾기, 가로세로 낱말퍼즐을 기억하시나요? 신문이 오면 오늘은 어떤 문제가 나올지 두근거리며 가족들이 모여 퀴즈를 풀던 추억이 아련합니다.

현재를 살아가다 보면 과거의 기억들은 자연스레 퇴색되곤 합니다. 그러나 가끔 어떤 자극을 통해 옛 시절 기억이 떠오를 때면 참 마음이 설레고 아련해집니다.

이 책은 추억을 회상할 수 있는 5가지 테마로 구성되어, 재미있게 그 시절 추억들을 끌어내기 위해 기획되었습니다. 숨은그림찾기, 틀린그림찾기의 다양한 그림들을 보면 문제를 풀기 전에 그림을 보는 것만으로도 추억을 느끼실 수 있습니다. 예전 신문에서 풀던 화풍과 형식의 문제라 더욱 정감있게 집중력과 시공간능력을 키울 수 있습니다. 숨은글자찾기와 가로세로 낱말퍼즐의 여러 단어와 문제들도 언어능력, 기억력 등을 키울 수 있게 구성되어 있습니다. 또한 색칠하기를 통해 추억에 머무르실 시간을 추가하였습니다.

옛 시절을 되돌아보면 기쁘고 즐거웠던 순간도 있고, 속상하고 후회되는 일도 있을 수 있습니다. 이 책을 통해 치매 예방 두뇌훈련과 함께 잊고 살았던 과거의 페이지들을 한 페이지씩 꺼내 보며, 지나온 삶을 이해와 통합이라는 관점으로 행복하게 회상하시기를 바랍니다.

저자 윤 소 영

이 책의 활용법

숨은그림찾기

- 보기를 보고 그림 속에 있는 숨은 그림을 찾아보세요.
- 그림과 관련한 추억에 대해 이야기를 나누어 보세요.

가로세로 낱말퍼즐

- 문제를 읽고 가로세로 낱말퍼즐을 풀어보세요.(출제자가 문제를 읽어드리고 구두로 맞히시면 적어드려도 됩니다.)
- 정답과 관련된 추억을 나누어 보고 단어로 퀴즈를 내보세요.
- '○○'하면 생각나는 단어를 적어 보세요.

틀린그림찾기

- 양쪽 페이지의 그림을 비교해 보고 틀린 그림 10개를 찾아 오른쪽 페이지에 ○ 해 보세요.
- 회상일기 주제를 보고 그림과 관련한 회상일기를 적어 보세요.

숨은글자찾기

- 보기에 있는 숨은글자를 찾아보세요.
- 보기에 있는 단어와 관련된 추억을 이야기해 보세요.
- 보기의 단어를 설명해 보세요.

색칠하기&회상하기

- 그림을 색펜으로 자유롭게 색칠해 보세요.(원본 그림을 보고 따라 칠하셔도 좋습니다.)
- 그림과 관련한 추억을 회상일기 칸에 적어 보세요.

목차

치매예방 두뇌 트레이닝
추억의 퀴즈 테마 워크북 ❷

추억의 퀴즈 테마 워크북

2

그 시절 봄

숨은 그림찾기
01

모내기

년 월 일

시작시간 ☐ 시 ☐ 분　　　종료시간 ☐ 시 ☐ 분

1. 아래 그림에는 숨은 그림 7개가 들어 있어요.

2. 보기에 나오는 단어를 그림에서 찾아 동그라미 해 보세요.

보기　하트　밥그릇　왕관　깔때기　물고기　새총　바나나

스승의 날

시작시간 ☐ 시 ☐ 분   종료시간 ☐ 시 ☐ 분

 1. 아래 그림에는 숨은 그림 7개가 들어 있어요.

2. 보기에 나오는 단어를 그림에서 찾아 동그라미 해 보세요.

보기	양말 냉장고 자 아이스크림 어금니 수박 나뭇잎

가로세로 낱말퍼즐

01 봄 관련 단어

시작시간 ☐ 시 ☐ 분   종료시간 ☐ 시 ☐ 분

년 월 일

✏️ 1. 오른쪽 페이지의 문제를 읽고, 왼쪽 페이지의 칸에 정답을 적어 보세요.

1)		①		2)②		③
		3)				4)
5)④						
			⑤		⑥	⑦
			6)			
	7)⑧					
8)			⑨		9)⑩	⑪
		10)			11)	

 2. 정답 외에 '봄'하면 떠오르는 단어를 생각나는대로 적어보세요.

1) 낙지와 비슷하게 생겼으나 크기가 더 작은 연체동물로, 3~5월이 제철이에요.

2) 새 학교에 들어갈 때 신입생을 모아 놓고 이 행사를 해요.

3) 봄꽃이 피기 시작하면 이 곤충이 날갯짓을 하며 꽃에 모여들죠.

4) 봄에 크고 하얗고 풍성하게 피는 꽃으로 향이 좋고 정원수로 많이 심어요.
   이것 차는 기관지, 피부, 혈액순환에 좋다고 해요.

5) 이른 봄 수십 개의 가지에 다닥다닥 피는 노란색 꽃으로, 꽃말은 '희망'입니다.
   봄을 알리는 꽃이에요.

6) 봄에 꽃피는 것을 시샘해서 일시적으로 다시 추위가 오는 현상을 말해요.

7) 봄이 되면 나무와 풀에 새로 이것이 돋아나요.

8) 방학이 끝나고 다시 수업을 시작하는 것을 말해요. 보통 3월 2일에 하죠.

9) 날씨가 따뜻해지는 봄에 집을 떠나 가까운 곳에 잠시 다녀오는 것을 말해요.

10) 찹쌀가루를 반죽하여 진달래나 개나리 같은 꽃잎을 붙여서 기름에 지진 찹쌀 전

11) 4월에 피는 꽃으로, 꽃이 지고 난 뒤에 희고 긴 털이 달린 열매를 맺는데 그 모습이 백발을 풀어헤친 할머니 머리를 닮아 붙여진 이름이에요.

① 특유의 향긋함과 부드러운 식감이 특징인 녹색 채소로, 습기가 많은 지역에서 자라요. 해독작용이 뛰어나 체내 중금속이나 독소를 배출하는데 효과가 있어요.

② 이 절기 이후로 봄이 시작된다고 하죠.

③ 4월에 나무를 많이 심고 가꾸도록 권장하기 위하여 정한 날이에요.

④ 경칩이 되면 이것이 겨울잠에서 깨어나요. 예전에는 뒷다리를 튀겨 먹기도 했어요.

⑤ 봄에 화창하게 피는 분홍색이나 하얀색 꽃으로, 이것 구경을 많이 가요. 진해 군항제도 이것 축제로 유명하죠.

⑥ 봄에 입맛을 돋우어 주는 나물 중 하나로 특유의 쓴맛이 나요. 3~4월에 꽃이 피고 난 뒤 어린잎이 나기 시작하며 어린잎과 긴 잎자루를 나물로 먹어요.

⑦ 봄철 맑은 날 햇빛이 강하게 내리쬘 때 공기가 공중에서 아른아른 움직이는 현상

⑧ 3월 2일이면 이것이 시작되죠. 새로운 학기를 말해요.

⑨ 주로 노란색 봄에 피는 꽃으로 구근식물이에요. 꽃말은 '자기애'라고 해요.

⑩ 노지에서 겨울을 보내 속이 들지 않고 잎이 옆으로 펼쳐진 상태의 배추로, 겉절이나 무침으로 먹기도 해요.

⑪ 들에 피는 장미를 말해요.

그
시
절
봄

틀 린 그림찾기 01 **봄소풍**

시작시간 [ ] 시 [ ] 분   종료시간 [ ] 시 [ ] 분

🔍 1. 양쪽 페이지의 그림을 비교해 보고 틀린 그림 10개를 찾아 오른쪽 페이지에 ○ 해 보세요.

2. 회상일기 주제를 보고 그림과 관련한 회상일기를 적어 보세요.

봄소풍과 관련해서 생각나는 추억을 적어 보세요.

그
시
절
봄

틀 린
그림찾기
02 화전 만들기

시작시간 □ 시 □ 분   종료시간 □ 시 □ 분

1. 양쪽 페이지의 그림을 비교해 보고 틀린 그림 10개를 찾아 오른쪽 페이지에 ○ 해 보세요.

2. 회상일기 주제를 보고 그림과 관련한 회상일기를 적어 보세요.

화전과 관련해서 생각나는 추억을 적어 보세요.

숨은
글자찾기
01 봄 관련 단어

년   월   일

시작시간 □ 시 □ 분   종료시간 □ 시 □ 분

 아래 표에는 보기의 단어들이 숨어 있어요.
가로, 세로, 대각선 방향으로 숨어 있는 글자들을 찾아 표시해 보세요.

보기	경칩 봄소풍 딸기 냉이 민들레 곡우 춘분 청명 봄처녀 봄동
	황사 달래 진달래 유채꽃 철쭉 화전 어버이날 봄비 두릅

춘	래	명	곡	진	달	봄	처	녀
청	봄	우	명	유	춘	분	사	어
방	처	소	래	채	두	이	린	버
학	봄	동	풍	꽃	화	소	풍	이
처	화	철	곡	황	진	경	칩	날
전	민	쭉	달	사	곡	민	냉	우
두	들	래	우	봄	딸	들	진	이
릅	레	청	명	기	처	봄	화	달
진	달	래	어	버	아	날	비	릅

색칠하기 & 회상일기　봄소풍

치매예방 두뇌 트레이닝

추억의 퀴즈 테마 워크북 **2**

원두막

년 월 일

시작시간 ☐ 시 ☐ 분   종료시간 ☐ 시 ☐ 분

🔍 1. 아래 그림에는 숨은 그림 7개가 들어 있어요.

✏️ 2. 보기에 나오는 단어를 그림에서 찾아 동그라미 해 보세요.

보기	버섯 삼각자 종이배 빗 우산 갈매기 배드민턴공

등목

시작시간 ☐ 시 ☐ 분　　종료시간 ☐ 시 ☐ 분

 1. 아래 그림에는 숨은 그림 7개가 들어 있어요.

2. 보기에 나오는 단어를 그림에서 찾아 동그라미 해 보세요.

보기	깃발　압정　우산　바지　컵　쥐　바늘

여름 관련 단어

년   월   일

시작시간 ☐ 시 ☐ 분   종료시간 ☐ 시 ☐ 분

✏ 1. 오른쪽 페이지의 문제를 읽고, 왼쪽 페이지의 칸에 정답을 적어 보세요.

1)①			②		2)③		
						3)	④
4)	⑤			5)			
	6)			7)			
						8)⑥	
⑦			9)	⑧			
		⑨		10)			11)
	12)⑩					⑪	
				13)			

2. 정답 외에 '여름'하면 떠오르는 단어를 생각나는대로 적어보세요.

1) 수박의 속을 긁어 썰어 설탕을 넣고 얼음이나 찬물에 채워놓고 먹는 음식

2) 일년 중 낮의 길이가 가장 길고 밤의 길이가 가장 짧은 날이에요.

3) 몸을 보호하고 건강에 도움이 되는 음식을 '○○음식'이라고 해요. 삼계탕, 추어탕 등은 여름에 대표적인 이 음식이에요.

4) 초복, 중복, 말복이 되는 날로 이날이 되면 삼계탕을 주로 먹어요.

5) 여름에 주황빛으로 익는 과일로 새콤달콤한 맛이 나요. 껍질은 부드럽고 살은 연하며, 씨가 있어요.

6) 바다의 물결을 말해요. 여름 바다에서 이것 소리를 듣는 것도 운치가 있죠.

7) 녹색 긴 채소로, 95%가 수분으로 구성되어 있어요. 장아찌, 무침, 피클의 재료로 쓰여요.

8) 여름 옷을 만드는데 사용했던 옷감으로 삼베에 비해 고운 질감을 가졌어요. 한산 지역에서 생산되는 이것이 품질이 매우 좋다고 해요.

9) 더위를 식히기 위해 손에 쥐고 바람을 일으켰던 물건이에요.

10) 피서를 가서 고기를 구워 먹는 것도 여름의 즐거움이죠. 고기를 구울 때 집는 도구에요.

11) 주로 초여름에 여러 날 계속해서 비가 내리는 날씨를 이것이라고 해요.

12) 실외랑 온도 차가 심한 차가운 실내에 오래 있을 경우 걸리는 병이예요.

13) 여름에 표준시를 원래 시간보다 한 시간 당겨쓰는 것을 말해요.

① 수영을 할 때 이 옷을 입어요.

② 7~8월에 피는 꽃으로 마당이나 담벼락 아래 주로 심었어요. 꽃은 3cm 내외로 꽃 색깔은 노랑, 빨강, 분홍, 흰색 등 다양해요. "아빠하고 나하고 만든 꽃밭에 ~"

③ 매우 짧은 기간 동안 살다 죽어서 이 이름을 얻게 된 곤충이에요.

④ 햇빛이 강렬할 때 이것으로 자외선을 차단해요. 주로 여자들이 써요.

⑤ 여름에 산책하다 보면 ○○○떼가 눈에 자꾸 달라붙기도 하죠.

⑥ 망사로 장막을 만들어 모기를 막는 도구로, 이것을 펴고 가족들이 함께 잤었어요.

⑦ 여름철 높고 큰 소리로 우는 곤충으로 '고목나무에 ○○'이라는 속담도 있어요.

⑧ 곤충을 잡아 표본을 만들기 위해 하는 일을 '곤충○○'이라고 해요.

⑨ 나비와 비슷하나 주로 밤에 활동하는 곤충이에요.

⑩ 차게 만들어 먹는 국으로 오이와 미역을 넣고 많이 만들어요.

⑪ 시원하게 먹는 주황색 청량음료에요.

년   월   일

틀 린 그림찾기 01 **감자 캐기**

시작시간 ☐ 시 ☐ 분   종료시간 ☐ 시 ☐ 분

1. 양쪽 페이지의 그림을 비교해 보고 틀린 그림 10개를 찾아 오른쪽 페이지에 ○ 해 보세요.

2. 회상일기 주제를 보고 그림과 관련한 회상일기를 적어 보세요.

여름 농사와 관련해서 생각나는 추억을 적어 보세요.

그
시
절
여
름

틀 린 그림찾기 02 **아이스께끼**

시작시간 ☐ 시 ☐ 분   종료시간 ☐ 시 ☐ 분

🔍 1. 양쪽 페이지의 그림을 비교해 보고 틀린 그림 10개를 찾아 오른쪽 페이지에
   ○ 해 보세요.

   2. 회상일기 주제를 보고 그림과 관련한 회상일기를 적어 보세요.

아이스께끼와 관련해서 생각나는 추억을 적어 보세요.

숨 은
글자찾기
01

여름 관련 단어

년   월   일

시작시간 □ 시 □ 분   종료시간 □ 시 □ 분

 아래 표에는 보기의 단어들이 숨어 있어요.
가로, 세로, 대각선 방향으로 숨어 있는 글자들을 찾아 표시해 보세요.

| 보기 | 소나기 팥빙수 무더위 에어컨 피서 휴가 삼계탕 해수욕장 광복절
모시 냉면 콩국수 모기향 썬크림 양산 복숭아 하지 소서 대서 자두 |

나	소	팥	하	휴	수	나	소	면
냉	지	나	무	지	가	피	서	에
면	계	자	기	더	팥	위	냉	어
위	삼	무	두	콩	빙	두	양	컨
휴	더	계	국	썬	수	모	시	대
위	계	수	탕	썬	해	크	서	팥
대	양	광	복	크	림	수	모	빙
소	복	산	숭	림	하	기	욕	해
절	냉	서	아	면	향	하	피	장

색칠하기 & 회상일기 원두막

그
시
절
여
름

그 시절 가을

숨은 그림찾기 **01**

감 따기

시작시간 ☐ 시 ☐ 분   종료시간 ☐ 시 ☐ 분

1. 아래 그림에는 숨은 그림 7개가 들어 있어요.

2. 보기에 나오는 단어를 그림에서 찾아 동그라미 해 보세요.

보기	닭머리 골프채 입술 붓 편지봉투 생선 부메랑

코스모스

년   월   일

시작시간 [ ] 시 [ ] 분   종료시간 [ ] 시 [ ] 분

1. 아래 그림에는 숨은 그림 7개가 들어 있어요.

2. 보기에 나오는 단어를 그림에서 찾아 동그라미 해 보세요.

보기	버섯 삽 나무 아이스크림 접시 바늘 조개

가로세로 낱말퍼즐 **01** 가을 관련 단어

년 월 일

시작시간 ☐ 시 ☐ 분   종료시간 ☐ 시 ☐ 분

✏️ 1. 오른쪽 페이지의 문제를 읽고, 왼쪽 페이지의 칸에 정답을 적어 보세요.

1)		①		②			③
				2)	④		
3)⑤							
			4)	⑥		5)	⑦
	6)			7)			
⑧			⑨			8)	⑩
9)			10)				
		11)				⑪	⑫
				12)			

 2. 정답 외에 '가을'하면 떠오르는 단어를 생각나는대로 적어보세요.

1) 한 명을 목말을 태운 몇 패가 편을 갈라 서로 위에 탄 사람의 모자를 벗기는 경기

2) 꼬리가 길고 붉은색인 곤충으로 큰 한 쌍의 겹눈을 가지고 있어요.

3) 가을에 학교에서 달리기, 계주, 공굴리기 등을 하는 행사에요.

4) 연두색에서 익으면 껍질이 붉게 되고 단맛이 나는 과일이에요. 속에 단단한 씨가 있고 말려서 먹기도 해요. 제사에도 자주 올려요.

5) 전라남도 순천의 연안 습지로 갈대밭으로 유명해요.

6) 꽃받침이 달린 부분이 귀에 걸기 쉬워서 귀걸이를 만들어 놀았던 꽃이에요. 나팔꽃처럼 생긴 꽃이 해 질 무렵부터 아침까지 피며, 작고 둥근 까만 씨앗이 있어요.

7) 껍질 안에 알 같은 종자들이 빼곡히 들어있고, 과육은 새콤달콤한 맛이 나요. 여성호르몬이 많이 들어있는 과일이에요.

8) 가을은 이것의 계절이라고 하죠. 책을 읽는 것을 말해요.

9) 가을이면 익은 농작물을 거두어들이는 것을 이것 한다고 해요.

10) 달리기 등 경기에서 1등을 하면 이것을 목에 걸어줘요.

11) 가을에 코스모스가 ○○거리며 피어있는 모습이 매우 예쁘죠.

12) 노랗고 빨갛게 물든 산이나 경치를 보러 가는 것을 이것 간다고 해요.

① 가을에 집 나간 며느리도 불러들인다는 생선으로 만든 회

② '○○마비'는 하늘이 높고 말이 살찐다는 뜻으로, 온갖 곡식이 익는 가을철을 이르는 말이에요.

③ '핑크○○'는 9~11월경 피는 연한 분홍색 식물로, 분홍빛 자연스러운 물결처럼 장관을 이루어 인기가 매우 많아요.

④ 24절기 중 하나로, 백로와 한로 사이에 있으며 밤과 낮의 길이가 같은 날이에요.

⑤ 고상하고 우아한 멋이 있을 때 이것이(가) 있다고 해요. 노란 은행잎이나 낙엽 떨어진 거리를 걸으면 이것이(가) 느껴지죠.

⑥ 가을의 대표적인 명절로 음력 팔월 보름날이에요.

⑦ 늦은 가을을 말해요.

⑧ 농작물을 먹는 새를 쫓기 위해 사람 모양의 이것을 만들어 논밭에 세워둬요.

⑨ 곡식이 노랗게 익어 금빛을 이루는 들을 이것이라고 해요.

⑩ 공기 중의 수증기가 차가운 땅에 접촉하며 얼어붙은 작은 얼음을 이것이라고 해요. 가을부터 봄 늦게까지 내려요.

⑪ 학교 외의 장소로 나가 자연을 관찰하는 현장학습으로, 김밥이나 사이다를 주로 먹었어요.

⑫ 가을에 다 익은 곡식을 거두어들이는 농사일을 '가을○○'라고 해요.

그 시절 가을

틀 린
그림찾기
01

고추 말리기

시작시간 ☐ 시 ☐ 분   종료시간 ☐ 시 ☐ 분

🔍 1. 양쪽 페이지의 그림을 비교해 보고 틀린 그림 10개를 찾아 오른쪽 페이지에
○ 해 보세요.

2. 회상일기 주제를 보고 그림과 관련한 회상일기를 적어 보세요.

년 월 일

틀린 그림찾기 02 탈곡

시작시간 ☐ 시 ☐ 분   종료시간 ☐ 시 ☐ 분

🔍 1. 양쪽 페이지의 그림을 비교해 보고 틀린 그림 10개를 찾아 오른쪽 페이지에
   ○ 해 보세요.

2. 회상일기 주제를 보고 그림과 관련한 회상일기를 적어 보세요.

회상일기 추수와 관련해서 생각나는 추억을 적어 보세요.

숨 은
글자찾기
01 가을 관련 단어

시작시간 ☐ 시 ☐ 분   종료시간 ☐ 시 ☐ 분

 아래 표에는 보기의 단어들이 숨어 있어요.
가로, 세로, 대각선 방향으로 숨어 있는 글자들을 찾아 표시해 보세요.

보기 탈곡 코스모스 국화 한글날 도토리 허수아비 입추 추석 백로
은행나무 낙엽 햇밤 대추 햅쌀 추분 한로 귀뚜라미 개천절

추	보	한	은	허	수	아	추	백
대	름	행	글	스	한	도	석	햅
분	나	탈	햇	날	토	로	쌀	로
무	달	대	곡	리	햅	입	코	개
코	스	추	한	쌀	귀	추	천	귀
스	허	수	아	비	뚜	절	뚜	스
모	낙	글	국	절	라	모	낙	엽
스	백	화	밤	추	미	햇	스	도
천	절	로	분	백	햅	리	밤	토

색칠하기 & 회상일기　고추 말리기

추억의 퀴즈
테마 워크북

2

그 시절
겨울

실버연탄

숨은 그림찾기 01 아궁이

시작시간 ☐ 시 ☐ 분   종료시간 ☐ 시 ☐ 분

🔍 1. 아래 그림에는 숨은 그림 7개가 들어 있어요.

🔍 2. 보기에 나오는 단어를 그림에서 찾아 동그라미 해 보세요.

보기	숟가락 깃발 와인잔 손목시계 애벌레 빵모자 연필

난로와 도시락

시작시간 ☐ 시 ☐ 분   종료시간 ☐ 시 ☐ 분

🔍 1. 아래 그림에는 숨은 그림 7개가 들어 있어요.

2. 보기에 나오는 단어를 그림에서 찾아 동그라미 해 보세요.

보기	샌드위치 종이비행기 열대어 초 야구모자 칫솔 국자

년   월   일

가로세로 낱말퍼즐 01 겨울 관련 단어

시작시간 ☐ 시 ☐ 분   종료시간 ☐ 시 ☐ 분

1. 오른쪽 페이지의 문제를 읽고, 왼쪽 페이지의 칸에 정답을 적어 보세요.

1)	①				2)②			
								③
3)④			⑤		4)	⑥		
			5)					
6)								
					⑦		7)	⑧
	⑨		⑩		8)			
9)							⑪	
	10)				11)			

 2. 정답 외에 '겨울'하면 떠오르는 단어를 생각나는대로 적어보세요.

1) 추운 겨울을 나기 위해 미래 대비하는 것을 '○○○○'한다고 해요.

2) 온돌에서 고래 위에 깔아 방바닥을 만드는 얇고 넓은 돌을 이것이라고 해요.

3) 나뭇가지에 쌓인 눈이 마치 하얀 꽃이 핀 것처럼 보이는 것을 즐기기 위한 축제를 이것이라고 해요.

4) 불에 구워 익혀 먹는 간식으로, 달달하게 먹는 겨울철 대표 간식이죠.

5) 눈이 내리거나 쌓인 경치를 말해요.

6) 매실나무의 꽃으로, 1월 하순에서 2월 초순에 피는 꽃이에요.

7) 24절기 중 하나로, 이날부터 겨울이 시작된다고 해서 '○○'이라고 해요. 이 무렵 밭에서 무와 배추를 뽑아 김장을 하기 시작하죠.

8) 추위에 오래 노출되면 피부가 얼어서 이것에 걸려요.

9) 아주 매서운 추위를 이것이라고 하죠.

10) 정월 초하룻날 부엌, 안방 등에 걸어놓은 것으로, 복을 일어 얻는다는 뜻으로 걸어두었다고 해요.

11) 아침 최저 기온이 −12도 이하인 상태가 계속될 때 추위로 인한 피해를 대비하기 위해 '○○○○보'를 내려요.

① 겨울에만 피는 빨간 꽃으로 원래 향기가 나지 않는 꽃이에요. '○○○ 필 무렵'이라는 드라마도 있었어요.

② 연말이 되면 ○○○ 자선냄비로 모금을 해서 불우한 이웃을 도왔어요.

③ 귀가 시리지 않게 귀를 덮는 물건이에요.

④ 눈 위에서 타거나 끄는 썰매를 말해요.

⑤ 도로에 쌓인 눈을 치우는 차를 이것이라고 해요.

⑥ 지붕의 처마에 매달려 있던 긴 얼음이에요. 이것으로 칼싸움도 하고 먹기도 했죠.

⑦ 눈 내리는 깊은 겨울의 매서운 추위를 이것이라고 해요.

⑧ 1년 중 밤이 제일 길고 낮이 가장 짧은 날로, 팥죽을 먹었어요.

⑨ 추위를 막기 위해 입는 옷을 이것이라고 해요.

⑩ 엄지손가락만 따로 넣고 나머지 네 손가락은 함께 끼우는 장갑을 '○○○장갑'이라고 해요.

⑪ 장을 담그는 기본 재료로 콩, 보리, 쌀 등을 익혀 띄워 만들어요.

년 월 일

틀린 그림찾기 01

연탄 나르기

시작시간 ◻시 ◻분 종료시간 ◻시 ◻분

🔍 1. 양쪽 페이지의 그림을 비교해 보고 틀린 그림 10개를 찾아 오른쪽 페이지에 ○ 해 보세요.

2. 회상일기 주제를 보고 그림과 관련한 회상일기를 적어 보세요.

연탄과 관련해서 생각나는 추억을 적어 보세요.

그 시 절 겨 울

틀린 그림찾기 **02**

장 담그기

시작시간 □ 시 □ 분   종료시간 □ 시 □ 분

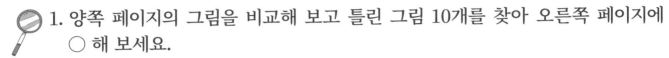

🔍 1. 양쪽 페이지의 그림을 비교해 보고 틀린 그림 10개를 찾아 오른쪽 페이지에 ○ 해 보세요.

2. 회상일기 주제를 보고 그림과 관련한 회상일기를 적어 보세요.

숨은 글자찾기

01 겨울 관련 단어

년 월 일

시작시간 ☐ 시 ☐ 분   종료시간 ☐ 시 ☐ 분

 아래 표에는 보기의 단어들이 숨어 있어요.
가로, 세로, 대각선 방향으로 숨어 있는 글자들을 찾아 표시해 보세요.

보기 동지 찹쌀떡 설날 메밀묵 빙어낚시 동파 연탄 대한 대설 온천
부츠 털신 뜨개질 군밤 붕어빵 호빵 썰매 자선냄비 입동

털	뜨	개	메	연	대	입	털	한
동	찹	쌀	떡	밀	동	탄	신	군
호	지	뜨	동	빵	묵	자	대	밤
묵	개	파	붕	자	썰	한	선	대
질	대	썰	선	어	호	연	썰	냅
신	설	냄	군	붕	빵	파	설	매
동	비	입	파	부	매	털	설	빙
빙	어	낚	시	연	츠	날	썰	온
자	날	동	탄	입	낚	시	어	천

색칠하기 & 회상일기 아궁이

캠페인

숨은
그림찾기
01

가족계획

시작시간 ☐ 시 ☐ 분   종료시간 ☐ 시 ☐ 분

🔍 1. 아래 그림에는 숨은 그림 7개가 들어 있어요.

✏️ 2. 보기에 나오는 단어를 그림에서 찾아 동그라미 해 보세요.

보기	우산 천사날개 톱 반지 하이힐 말굽자석 입술

쥐잡기 운동

년 월 일

시작시간 ☐ 시 ☐ 분   종료시간 ☐ 시 ☐ 분

1. 아래 그림에는 숨은 그림 7개가 들어 있어요.

2. 보기에 나오는 단어를 그림에서 찾아 동그라미 해 보세요.

보기 | 집 바나나 피자 아이스크림 계란프라이 음표 지퍼

년   월   일

가로세로
낱말퍼즐
01 캠페인 관련 단어

시작시간 ☐ 시 ☐ 분   종료시간 ☐ 시 ☐ 분

✏️ 1. 오른쪽 페이지의 문제를 읽고, 왼쪽 페이지의 칸에 정답을 적어 보세요.

1)①			②		③		
	④				2)		⑤
	3)	⑥					
4)							
			5)⑦				
6)	⑧					7)⑨	
		8)					⑩
9)				⑪			
		10)					

 2. 정답 외에 '캠페인'하면 떠오르는 단어를 생각나는대로 적어보세요.

1) 새마을운동의 정신은 근면, ○○, 협동이었어요.

2) 머리에 있는 이나 서캐를 잡는 행위를 말해요.

3) 외환 위기에서 벗어나기 위해 집에 있는 금을 나라에 파는 '금모으기 운동'을 했었어요. 이때 집집마다 아기 돌 때 받은 이것을 많이 내놓았어요.

4) 나균에 의해 감염되는 전염병인 한센병을 예전에 이렇게 불렀어요.

5) 1970~80년대 쥐잡기 운동 때 이것을 나누어 주었어요. 먹으면 쥐가 죽는데, '○○ 놓는 날'도 있었어요.

6) 1960~70년대 실시했던 혼분식 장려운동으로 쌀 소비량은 줄고 이것 소비량은 늘었어요. 이것으로 국수, 빵 등을 만들어요.

7) 쌀 소비를 줄이는 운동을 '○○운동'이라고 했어요.

8) 혼분식 장려정책에 따라 도시락 검사 때 ○○쌀이 30% 이상 들어있는지 검사도 했었어요.

9) 가르쳐서 깨우친다는 뜻으로 새마을운동은 대표적인 '농촌 ○○운동'이었죠.

10) 인체에 나쁜 물질을 사용하여 만든 식품으로 학교 주변에 파는 이것을 추방하기 위한 '○○○○ 퇴치 운동'도 있었어요.

① '○○○○ 불조심, 꺼진불도 다시보자'는 대표적인 불조심 표어에요.

② 1970년대 석유파동으로 이것을 절약하는 캠페인을 벌였어요.

③ 1970년대 개봉한 만화영화로, 산속에서 동물들과 살던 주인공이 늑대와 돼지로 묘사된 공산당을 무찌르는 내용이에요.

④ 야간에 일반인의 통행을 금지한 제도를 줄인 말로, 1982년까지 36년간 시행되었어요.

⑤ 1960~70년대에 농사에 인분 비료를 사용하면서 몸이 이것이 많았었죠. 이것을 없애기 위해 구충약 복용 캠페인을 하기도 했어요.

⑥ 6.25 전쟁 이후 공산주의에 반대하는 ○○정서가 만연했었어요.

⑦ 쥐잡기 운동 때 이것을 잘라 학교나 관공서로 가져가면 이것 하나당 연필 한 자루씩 지급했었어요.

⑧ 1960년대부터 출산 억제 정책으로 이것을 실시했어요. '아들딸 구분 말고 둘만 낳아 잘 기르자' '둘도 많다' 는 대표적인 이것의 표어에요.

⑨ 전기를 아끼는 일을 말해요. '한 집 한 등 끄기 운동' 같은 캠페인도 있었어요.

⑩ 새마을 노래 가사는 '○○○이 울렸네 새 아침이 밝았네'로 시작하죠.

⑪ 혼분식 장려운동으로 '○○의 날'이 지정되었어요. 국수, 떡볶이 같은 음식은 이것으로 만든 대표적인 음식이에요.

틀린그림찾기 01 내 집 앞 내가 쓸자

시작시간 ☐ 시 ☐ 분　　종료시간 ☐ 시 ☐ 분

🔍 1. 양쪽 페이지의 그림을 비교해 보고 틀린 그림 10개를 찾아 오른쪽 페이지에
　 ○ 해 보세요.

2. 회상일기 주제를 보고 그림과 관련한 회상일기를 적어 보세요.

캠페인

틀린 그림찾기 02 혼분식 장려운동

시작시간 ☐ 시 ☐ 분　　　종료시간 ☐ 시 ☐ 분

🔍 1. 양쪽 페이지의 그림을 비교해 보고 틀린 그림 10개를 찾아 오른쪽 페이지에 ○ 해 보세요.

2. 회상일기 주제를 보고 그림과 관련한 회상일기를 적어 보세요.

숨은 글자찾기 **01** 캠페인 관련 단어

년 월 일

시작시간 ☐ 시 ☐ 분   종료시간 ☐ 시 ☐ 분

✏️ 아래 표에는 보기의 단어들이 숨어 있어요.
가로, 세로, 대각선 방향으로 숨어 있는 글자들을 찾아 표시해 보세요.

보기 쥐덫 불조심 좌측통행 결핵퇴치 금모으기 새마을운동
구충약 분식의날 잘살아보세 표어 포스터 장발단속 쥐잡기

금	쥐	포	스	결	핵	퇴	치	새
모	잡	어	쥐	포	새	장	잘	마
으	기	덫	잡	마	스	속	살	일
표	불	쥐	을	어	운	터	아	불
조	어	운	분	동	장	표	보	조
구	동	분	좌	식	쥐	발	세	심
충	날	의	식	측	의	분	단	날
약	금	모	으	기	통	날	식	속
심	잘	살	아	장	속	행	표	의

색칠하기 & 회상일기　쥐잡기 운동

색칠하기 & 회상일기   내 집 앞 내가 쓸자

정답-봄

p.8 - 모내기

p.9 - 스승의 날

p.10-가로세로 낱말퍼즐

주	꾸	미			입	학	식	
	나	비		춘		목	련	
개	나	리				일		
구			벗			머		아
리			꽃	샘	추	위		지
	새	싹						랑
개	학		수		봄	나	들	이
	기		선		동		장	
			화			할	미	꽃

p.12 - 봄소풍

p.14 - 화전 만들기

p.16 - 숨은글자찾기

춘	래	명	곡	진	달	봄	처	녀
청	봄	우	명	유	춘	분	사	어
방	처	소	래	채	두	이	린	버
학	봄	동	풍	꽃	화	소	풍	이
처	화	철	곡	황	진	경	칩	날
선	민	쭉	달	사	곡	민	냉	우
두	들	래	우	봄	딸	들	진	이
릅	레	청	명	기	서	봄	화	달
진	달	래	어	버	아	날	비	릅

정답-여름

p.22 - 원두막

p.23 - 등목

p.24-가로세로 낱말퍼즐

수	박	화	채		하	지		
영			송		루		보	양
복	날		화		살	구		산
	파	도		오	이			
	리					모		시
매			부	채		기		
미		나		집	게	장	미	
	냉	방	병			환		
	국			썸	머	타	임	

p.26 - 감자 캐기　　p.28 - 아아스께끼　　p.30-숨은글자찾기

나	소	팥	하	휴	수	나	소	면
냉	지	나	두	지	가	피	서	에
면	계	지	기	더	팥	위	냉	어
위	삼	무	두	콩	빙	두	양	컨
휴	더	계	국	썬	수	모	시	대
위	계	수	탕	썬	해	크	서	팥
대	양	광	복	크	림	수	모	빙
소	복	산	숭	림	하	기	욕	해
절	냉	서	아	면	향	하	피	장

정답-가을

p.36 - 감 따기　　p.37 - 코스모스　　p.16-가로세로 낱말퍼즐

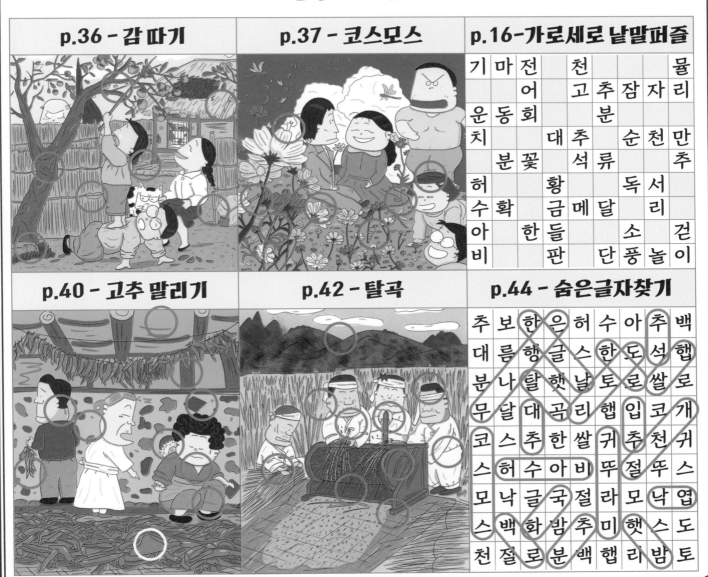

기	마	전		천				물
		어		고	추	잠	자	리
운	동	회		분				
치			대	추		순	천	만
	분	꽃		석	류			추
허			황			독	서	
수	확		금	메	달		리	
아		한	들			소		걷
비		판		단	풍	놀		이

p.40 - 고추 말리기　　p.42 - 탈곡　　p.44 - 숨은글자찾기

추	보	한	으	허	수	아	추	백
대	름	행	글	스	한	도	석	햅
분	나	탈	햇	날	토	로	쌀	로
무	달	대	곡	리	햅	입	코	개
코	스	추	한	쌀	귀	추	천	귀
스	허	수	아	비	뚜	절	뚜	스
모	낙	글	국	절	라	모	낙	엽
스	백	화	밤	추	미	햇	스	도
천	절	로	분	백	햅	리	밤	토

정답-겨울

p.50 - 아궁이

p.51 - 도시락과 난로

p.52-가로세로 낱말퍼즐

월	동	준	비		구	들	장	
	백			세				귀
눈	꽃	축	제		군	고	구	마
썰			설	경		드		개
매	화		차			름		
				엄		입	동	동
	방		병		동	상		지
흑	한		어		설		메	의
	복	조	리		한	파	주	

p.54 - 연탄 나르기

p.56 - 장 담그기

p.58 - 숨은글자찾기

털	뜨	개	메	연	대	입	털	한
동	찹	쌀	떡	밀	동	탄	신	군
호	지	뜨	동	빵	묵	자	대	밤
묵	개	파	붕	자	썰	한	선	대
질	대	썰	선	어	호	연	썰	냅
신	설	냄	군	붕	빵	파	설	매
동	비	입	파	부	매	털	설	빙
빙	어	낚	시	연	츠	날	썰	온
자	날	동	탄	입	낚	시	어	천

정답-캠페인

p.64 - 가족계획

p.65 - 쥐잡기 운동

p.66-가로세로 낱말퍼즐

자	조			에		똘		
나		통		너		이	잡	기
깨		금	반	지		장		생
나	병		공		군			충
				쥐	약			
밀	가	루		꼬		절	미	
	족		보	리		전		새
	계	몽			분		벽	
	획		불	량	식	품	종	

p.68 – 내 집 앞 내가 쓸자			**p.70 – 혼분식 장려운동**			**p.72 – 숨은글자찾기**		

금	쥐	포	스	결	핵	퇴	치	새
모	잡	어	쥐	포	새	장	잘	마
으	기	덫	잡	마	스	속	살	일
표	불	쥐	을	어	운	터	아	불
조	어	운	분	동	장	표	보	조
구	동	분	좌	식	쥐	발	세	심
충	날	의	식	측	의	분	단	날
약	금	모	으	기	통	날	식	속
심	잘	살	아	장	속	행	표	의

(주)한국실버교육협회 치매예방 교재 및 교구

자녀에게 남기는 인생 기록 부모 자서전

치매예방과 관리

노인회상 이야기카드

추억놀이 회상카드

마음읽기 감정카드

실버인지놀이 워크북 01/02/03

추억 색칠하기+인지 워크북

실버인지 속담놀이 워크북

추억의 퀴즈 테마 워크북 1/2

전통 퍼즐

저/자/소/개

윤소영 on-edu@nate.com

　건국대학교 교육대학원에서 학습·진로컨설팅 및 평가과정을 공부하며 유아에서 노인에 이르는 전 생애에 걸친 다양한 교육의 필요성을 더욱 절감하게 되었다. 현재 (주)한국실버교육협회 대표이사, (주)하자교육연구소 및 하자교육컨설팅 대표, 한국영상대학교 외래교수로 재직하면서 치매예방 및 노인을 위한 교재, 교구를 개발·보급하고 있다. 현재 장기요양기관 심사위원으로도 활동하고 있으며, 치매예방 온라인교육 플랫폼 인지넷을 운영하고 있다. 주요 저서로는『치매예방과 관리』『치매예방을 위한 뇌훈련 실버인지놀이 워크북 01권, 02권, 03권』『치매예방을 위한 회상활동 추억 색칠하기+인지 워크북』『치매예방을 위한 회상활동 추억 색칠하기+인지 워크북 –추억놀이편』『치매예방을 위한 뇌훈련 실버인지 속담놀이 워크북』『노인회상 이야기카드』『마음읽기 감정카드』『추억놀이 회상카드』『실전 전래놀이 운영 프로그램』『재미있고 실용적인 시니어 책놀이 운영 프로그램』『실버 인지미술 운영 프로그램』『자녀에게 남기는 인생 기록 부모 자서전』등이 있다.

치매예방 두뇌 트레이닝
추억의 퀴즈 테마 워크북 2

1판 1쇄 발행 ● 2023년 3월 10일

지 은 이 ● 윤소영
그　　림 ● 김은진
펴 낸 곳 ● **(주)한국실버교육협회**
　　　　　　경기도 성남시 분당구 운중로 122 601호
디 자 인 ● (주)경상매일신문 디자인사업국
구입문의 ● 02-313-0013
홈페이지 ● www.ksea.co.kr
　　　　　　www.injinet.kr
이 메 일 ● ksea7777@daum.net
I S B N ● 979-11-973079-6-6 (03060)

정가 12,500원